Groißmeier · Abendrot über Dachau

Allitera Verlag

Michael Groißmeier, geboren am 21.2.1935 in München, lebt in Dachau, Lyriker und Erzähler. Zahlreiche Buchpublikationen: Lyrik, deutsches Haiku, Kurzprosa, autobiographischer Roman »Der Zögling«. Bürgermedaille der Großen Kreisstadt Dachau, Ehrengabe zur Förderung des Schrifttums, Verdienstkreuz am Bande des Verdienstordens der Bundesrepublik Deutschland, Bayerischer Poetentaler, Ehrengast der Deutschen Akademie Villa Massimo in Rom. Der literarische Vorlaß befindet sich beim Literaturarchiv Monacensia der Landeshauptstadt München und im Stadtarchiv der Großen Kreisstadt Dachau.

Michael Groißmeier

Abendrot über Dachau

Erinnerungen und Gedichte

Allitera Verlag

Juli 2021
Allitera Verlag
Ein Verlag der Buch&media GmbH, München

Layout, Satz und Umschlaggestaltung: Johanna Conrad
Umschlagvorderseite: Nach einem Bild von Clara Nagyötétág-Hoffmann

Printed in Germany · ISBN 978-3-96233-283-9

Allitera Verlag
Merianstraße 24 · 80637 München
Fon 089 13 92 90 46 · Fax 089 13 92 90 65

Weitere Publikationen aus unserem Programm finden Sie auf
www.allitera.de
Kontakt und Bestellungen unter info@allitera.de

Euterpe schüttet
ein Füllhorn von Wörtern
über mich aus.

Es liegt an mir,
die richtigen Worte herauszufinden
für ein Gedicht.

M. G.

Für Margit und Andrea

Abend in Dachau

Der Berg, ja der geliebte
vielbewunderte Berg
mit seinen ehemals gepflasterten,
heute aber geteerten Straßen,
die ihn lieblich umfangen,
die Freisinger Straße bergauf
mit dem Rathaus und der Stadtsparkasse,
mit der 1625 von Hans Krumpper
im Spätrenaissancestil erbauten
St.-Jakobs-Pfarrkirche,
mit dem Zieglerbräu und dem Hörhammerbräu –
die Augsburger Straße bergab
mit den gewesten Bezirks- und Rentämtern,
den beiden nicht minder vergnüglichen
Bierwirtschaften Unterbräu und Kraisy.

In den Fensterscheiben
spiegelt sich der Mond.
Aus einem offenen Fenster
schaut ein Knochengesicht heraus,
wem immer es auch gehören mag.

Der einsame Spaziergänger
gedenkt der Aufständischen,
die ein herbeigerufenes SS-Kommando
an die Sparkassenwand gestellt
und erschossen hat.
Das Mauerwerk wurde verputzt und gestrichen.
Nichts erinnert mehr an die Kugeleinschläge.
Das Pflaster des Gehsteigs wurde gereinigt,

die Blutreste hat der Regen weggewaschen.
Die Steine schreien nicht auf,
wenn man sie tritt.

Der Westwind weht den Malzgeruch
der Brauerei Schloßberg
immer noch hinunter ins Moos,
wo sich das Konzentrationslager befand.
Die Silhouette der Stadt im Abendrot
mag den Gefangenen
wie eine Fata Morgana der Freiheit
erschienen sein.

Abendrot über Dachau

Die Kirchturmspitze stieß in den Himmel.
Der fing zu bluten an,
überflutete mit seinem Blut
die Bäume, Dächer, Straßen,
und auch die Menschen,
die mit blutroten Gesichtern,
bluttriefenden Händen
standen, gingen, liefen,
in den Brunnen der Stadt
sich die Hände wuschen,
doch nicht abwaschen konnten
Schuld und Mitschuld.

Burgunderwein

Den Malzgeruch der Brauerei
im Westwind saug ich gierig ein,
und auch ein Hauch Burgunderwein
ist in dem Windeswehn dabei.

Der Wind umfächelt mir die Stirn
und weckt die Sehnsucht nach dem Land,
das ich in meinem Traum nur fand.

Ich träum vom Sommer in Burgund,
in dem die blaue Traube reift.
Wer ist's, die meine Wange streift
und ihren legt auf meinen Mund?

Was sind schon Most und Bier und Birn,
nehm ich den Weinkrug in die Hand
und setz die Lippen an den Rand!

Die Brunnen

Und die kühlen Brunnen rauschen.
Clemens Brentano

Die kühlen Brunnen rauschen,
ob Friede oder Krieg.
Ob Niederlage, Sieg,
die kühlen Brunnen rauschen.

Die Brunnen nie versiegen.
Ist's Wasser nicht, ist's Blut.
Das fließt und nimmer ruht.
Die Brunnen nie versiegen.

Die Sonnenuhr an der Wand der St.-Jakobs-Kirche zu Dachau

Wohltuend mißt er die Zeit,
der Schattenzeiger,
ohne das ungute Ticken
einer Standuhr,
das dem Ohr mißfällt,
mißt ohne Aufhebens die Zeit,
die fortschreitet,
nicht voranzukommen scheint,
fortschreitet ohne sichtbaren Fortschritt,
wenn sich die Sonne
schmollend zurückzieht hinter Wolken.

KLOSTERFRAUEN

Klosterfrauen mit ihren weißen,
windmühlenflügelnden Hauben,
laufen Gefahr, in den Himmel
gehoben zu werden vom Wind.

Warum stemmen sie sich gegen den Wind,
gegen den Himmel, den sie sich ersehnen,
mit ihren Bittgebeten zu erweichen versuchen?

Warum haften sie an der Erde,
deren Genüsse sie verachten,
und die sie für Sünden halten?

Wird Gott es ihnen danken,
diesen seinen getreuen Dienerinnen,
die ebenso zu Staub zerfallen werden
wie ihre unreinen Schwestern?

Im Schlossgarten zu Dachau

Der Laubengang würde geradewegs
in den Himmel führen,
in dessen Bläue man verschwände,
wenn man schweben könnte.

Welch ein Glück,
haften zu bleiben
auf dieser Erde,
die nichts Unnahbares hat
wie der Unsichtbare
in seiner Himmelhölle!

An der Amper

Die Hilfeschreie
der im Ammersee Ertrunkenen
trägt die Amper hinab
auf sanften Wellen.

In einer Gumpe gurgelt
das Schnappen der Ertrinkenden
nach Luft.

Alle Vergeblichkeit
schwemmen die Flußläufe
ins Meer.

Dieses, erfahren
in Todeskämpfen,
trägt gelassen
die Fähren und Schiffe
den Untergängen zu.

Gründonnerstag

Die Amper wäscht mir
die Füße.
Das Wasser ist eisig,
aber barmherzig.

Im Fischerkahn,
vertäut im Ufergebüsch,
erkenne ich Charons Nachen.

Das Wasser ist auch duldsam.
Es wird den Nachen
nach drüben tragen,
und meine Last
ist am geringsten.

Die Flüsse trocknen aus

Kein Wasser mehr,
aus dem Neptun auftaucht.

Die Nymphen haben sich
in Uferweiden verwandelt.
Deren Wurzeln vertrocknen.

Kein Wasser mehr
für Charons Nachen.

Etzenhausen

Zezinhusir:
Bei den Häusern des Zazo.

Die Schläge der Kirchturmuhr
im Nacken gehe ich
durch das Dorf meiner Ahnen.

Hier hausten sie kümmerlich
in mit Stroh gedeckten Lehmhütten.

Sie ackerten und eggten,
sie säten und sichelten.
Die Ernte war für den Grundherrn.

Für das bißchen, das ihnen verblieb,
rackerten sie sich ab,
bis sie reif waren
für den Gottesacker.

Wird sich ihr Gott,
zu dem sie beteten
und dem sie fluchten,
ihres Staubes entsinnen,
ihn aufwirbeln dereinst
aus den Gruben
in Fleischesgestalt?

Stammbaum

Ackerbauern, zehentpflichtig,
von Jahrhundert zu Jahrhundert,
hohlwangig, beingesichtig,
am Sein verwundert.

Vom Krebs geknechtet,
leidenstüchtig,
der Freude entrechtet,
auferstehungssüchtig.

In den Kammern mit Dörrpflaumen
gefüllte Totentruhen.
Gerechnet über den Daumen,
können drei darin ruhen:

Urgroßvater, Großmutter,
Enkelkind,
Gottesackerfutter,
Grind.

Meine Urahnen

Hinter den Gehöften,
im Schlehdornverhau
gingen sie dem Wolf
ans Fell.

Jeder Mannbare
hatte seinen Speer
in der Kammer,
jeder Gestellungspflichtige.

In Geplänkeln, Scharmützeln
war Totstechen Pflicht.

Mit Spitzhütigen,
Krummdolchigen
machten sie kein Federlesens.

Und Gott war auf ihrer Seite.

Der Eintänzer

Mein Vater kämpfte in Flandern,
wurde im Schützengraben
durch einen Granathagel
verschüttet
und schwer verwundet.

Im Lazarett in Hessen
pflegten ihn wohltätige
Prinzessinnen gesund
und tanzten mit ihm,
während der Totentanz
in Flandern weiterging.

Der Vater längst tot,
die Prinzessinnen
zu Staub zerfallen.

Aber noch immer lehrt
auf den Schlachtfeldern
den Soldaten das Tanzen
der Eintänzer Tod.

Die Tante

In ihrer eiskalten Kammer
lag die sterbensmüde Tante,
vergraben in blaues Plumeau.

Durch den gestampften Lehmhoden
führten steile Steinstufen
aus roten Backsteinziegeln
hinunter in den Kartoffelkeller,
aus dem Moder heraufstieg,
und in dem Mäuse Hochzeit hielten.

Besuchte ich als Kind die Tante,
blickte ich scheu auf ihre
verlöschenden Augen
und horchte furchtsam
auf ihr kaum hörbares Murmeln:
Hol dir die Schmalznudel
heraus aus dem Kasten, Michi,
die ist für dich,
und auch die Stranitzn Zucker.

Diese reichte für ein Vierteljahr,
fingerspitzenweise dosiert,
allein für mich,
Vater und Mutter nahmen nichts.

Gott hab sie selig, die Tante,
die im Gottesacker zu Etzenhausen
in Gemeinschaft mit unseren Urahnen ruht
und ihrer baldigen Auferstehung entgegenharrt,
die sie sich gläubig ersehnt!

Der Webelsbach

Mit einer langen Stange
übersprangen wir Buben
den Webelsbach.

Die sich unter Steinen
versteckenden »Lochdoip'n«
fingen wir mit dem Taschentuch,
das sich im Wasser blähte,
oder mit bloßen Händen.

Oftmals, während eines starken Gewitters,
wurde der Bach sehr ungebärdig
und überschwemmte die umliegenden Gärten.

Zog er sich wieder zurück
in sein nicht sehr breites Bett,
floß er wieder gutmütig dahin,
so daß man hätte meinen können,
es könne sein Wässerchen
sich niemals trüben.

Zurückblieben in den Gärten
sandbedeckte Salatköpfe,
ersoffene Mäuse
und in kleinen Wassermulden
zappelnde Plötzen, die ich
der Mutter zum Braten brachte.

Wie habe ich den Bach geliebt!
Sprang ich einmal zu kurz
und plumpste ins Wasser,

trocknete ich Hemd und Hose
am Weidengebüsch in der Sonne.

Heute noch ist mir der Bach
ein lieber Freund,
und ich sinne an seinem Ufer,
das gesäumt ist von »Blutströpfchen«,
meiner Kindheit nach,
und manchmal wispert mir das Wasser
Verse zu von weit, weit her.

Hinter Etzenhausen

Unterm Haselgebüsch,
in einer Mulde aus Herbstlaub
nächtigen Rehe und Geister.

Sie zu beschwören,
ging ich um Mitternacht
in die Lange Gasse.

Aber ich hörte nur
das Summen der Milchstraße.

Durch die Stoppelfelder
zog der Mond seine Pflugschar.
Schollen aus Licht.

Die Sterne eggten die Äcker.

Die Leit'n

Die Leit'n, Spielplatz
meiner Kindheit
unter hohen Bäumen,
mißbraucht als Massengrab.

Immer wieder wandle ich Alter
über die Gräberreihen hinweg,
meine Kindheit zu besuchen,
die unten bei den Gerippen
begraben liegt.

Steinkirchen

Ein paar Bauklötze
auf einen lehmigen Hügel geworfen,
ein Weiler mit zwei Höfen und einer Kirche,
das ist Steinkirchen.
Steine gaben ihr den Namen.

Aus einem Loch im Turm
soll der Teufel
zwei Bauern entführt haben,
die er während der Heiligen Messe
beim Kartenspielen erwischt hat -
so geht die Sage.

Sooft man es auch zugemauert hat,
das Loch brach immer wieder auf.

Auch Steine,
entweiht und entheiligt,
haben Angst vor dem Teufel.

Landschaft hinter Dachau

Die spitzen Kirchtürme
stechen die Wolken an,
daß sie auslaufen.

Kinder fangen mit ihren Mündern
Tropfen auf,
schmecken den Himmel
am Gaumen.

Unter ihren bloßen Füßen Acker,
der sie verschlingen wird –

Gottes Acker.

Im Dachauer Moos

Mein Vater stach den schwarzen
fettglänzenden Torf
und schichtete ihn zum Trocknen auf.

Ich, als Fünfjähriger, vertrieb mir die Zeit
mit dem Sammeln von weißen Schneckenhäusern,
die ich im Torfgraben fand.
Allmählich füllte er sich mit öligem Wasser.

Ich blies in das meist leere Schneckenhaus,
in dem sich Geheimnisvolles verbarg,
das sich nicht herauslocken ließ.
Die Zeit, für die ich noch kein Gefühl hatte?
Die Zukunft, die in meiner Vorstellung nicht existierte?

Ich lief hin zum Saubach,
der gemächlich durch sumpfige Wiesen floß.
In ihm betrachtete ich mein Gesicht,
das die Wellen wunderlich verzerrten.
Die in der Sonne blitzenden Fische
standen unbeweglich in der Strömung.

Die über dem Wasser hin und her flitzenden Libellen,
flirrende Lichtblitze in allen Farben,
hellblau, grüngelb, rötlichbraun,
warfen zarte unruhige Schatten auf das Wasser,
das sie nicht forttragen konnte.

Ringelnattern jagten mir keinen Schrecken ein.
Ich bewunderte ihre weißen Male
zu beiden Seiten des schlanken Köpfchens,
die ich für den Widerschein des Tagmonds hielt.

Im Höchtl-Moos

Bombentrichter, Wunden in schwarzer Erde,
die sich nicht schließen,
nachbluten von unten her,
sich füllen mit Schmerzwasser.
Der Himmel weint in sie hinein.
Biotope für Frösche.

Haselnüsse

Wir packten in den Hosensack
die braunen Haselnüsse.
Der Eichelhäher Nußgeknack
im Wald wie ferne Schüsse.

Die Flieger flogen feindlich tief.
Wer heut wohl sterben müsse?
Wer um sein junges Leben lief,
dem war's, ob Tod ihn küsse.

Im Luftschutzkeller

Wir harrten nachts im Luftschutzkeller
des Bombenhagels aus der Luft.
Zu keinen Zeiten war er schneller,
der Tod. Wir war'n schon in der Gruft!

Kein Grab so wohnlich eingerichtet:
Matratzen auf dem Lattenrost,
und Bett auf Bett geschichtet.
Die Wände glitzerten vor Frost.

Die schneeverwehten Nachtviolen
im Garten draußen würden auch
wie wir im Feuersturm verkohlen
und wall'n empor als Opferrauch.

In meiner Kinderkammer

Die Mutter, abgemagert,
wie Vater hungerkrank,
sie hatte auf dem Schrank
die Äpfel, reif, gelagert.

In meiner Kinderkammer
war immer Apfelduft.
Doch draußen in der Luft
die Asche und der Jammer.

Es war die Zeit des Feuers.
Die Nächte brannten grell.
Im Radio Gebell
des »braunen Ungeheuers«.

In meiner Kinderkammer
war Friede, sanfter Schlaf.
Die draußen nur betraf
die Asche und der Jammer.

Das Bein

Im Bombenhagel zersplitterten
die unschuldigen Bäume.
Die aufgerissenen Bäuche
der getöteten Hasen und Rehe
färbten das Grundwasser
in den Bombentrichtern blutig.

Einem jungen Fronturlauber,
der in der Amper baden wollte,
riß ein Bombensplitter
ein Bein im Oberschenkel ab.
Er verblutete.

Das Bein wurde in die Amper
geschleudert, die es flußabwärts trug,
womöglich bis ins Meer schwemmte,
in dem es wohl die Fische fraßen.

Gott wird es suchen,
und sollte er es finden
im Magen eines Fisches,
wird er es nicht mehr gebrauchen können
für die Auferstehung des Fleisches.

Knabenspiele, 1945

Im Bombentrichter suchten wir Deckung
vor dem anrückenden Feind.
Unsere Waffen waren aus Pappe,
die aufweichten bei Regen.
Wir griffen nach Brennnesseln,
mit denen wir Gefangene auspeitschten.
Schrie einer auf vor Schmerzen,
verlachten wir ihn als Jammerlappen
und zeigten ihm unsere Verachtung.
»Hart wie Kruppstahl,
zäh wie Leder,
schnell wie Windhunde« –
das waren unsere Ideale,
eingeimpft vom Fähnleinführer
und den bellenden Stimmen
aus dem Volksempfänger.
Wir Zehnjährige brannten darauf,
Soldaten zu werden, zu kämpfen
und den Heldentod erleiden zu dürfen
für Führer, Volk und Vaterland.
Mein vom Ersten Weltkrieg her
versehrter Vater hatte kein Verständnis
für meinen Fanatismus und nannte mich
einen »spinnerten Deife«.
Als die Amerikaner einmarschierten
und der erste Schuß fiel,
war's vorbei mit meinem Heldenmut.

Frühling 1945

Noch immer Staub
zerbombter Häuser in der Luft.
Von Explosionen taub
sogar die Toten in der Gruft.

Das erste zarte Laub
der Birken. Zager Duft
des Flieders. Regt sich freudig
schon der Staub
zur Auferstehung aus der Gruft?

Herbst 1945

Die Schule war perdu. Wir streiften
durch Wald und Flur und brockten Nüsse.
Wir stahlen Äpfel, eh sie reiften,
und raubten Blondgezopften Küsse.

Wir sangen »Meerstern, ich dich grüße«
und andere Marienlieder.
Vorm Bettgehn wuschen wir dir Füße.
Und keiner mehr schoß einen andern nieder.

Und rauchte es aus den Kaminen,
war'n harmlos schwarze Schwaden.
Waggons, die standen auf den Schienen,
war'n nicht mit Leichen mehr beladen.

Pädagogik

Mit dem Rohrstock
zielte der Lehrer
auf die Fingerspitzen.

Ich konnte tagelang nicht
Geige spielen.

Auch ein Ergebnis
der Pädagogik.

Disteln

Vor den Kratzdisteln im Kornfeld
nahmen wir Kinder uns in acht,
wenn wir die großen grünen Heuschrecken fingen,
die ganz schön zwicken konnten.

Stach sich einer in den Finger,
und wollte ein winziges Blutströpfchen quillen,
leckte er es ab; es schmeckte salzig.

Wann vernahmen wir die Kunde,
irgendwo sei ein Mensch
im Stacheldraht verblutet?

Die Zeit der eisernen Disteln,
wann ist sie vorbei?

Nachhilfe

Die bittere Milch des Löwenzahns
sogen wir Kinder mit Vergnügen,
waren wir Dreijährige
kaum der Muttermilch entwöhnt.

Süßes und Bitteres
lernten wir erst später kennen,
als uns das Leben Lehrer war
und Nachhilfe leistete
der dräuende Tod.

Der Halbliterkrug

Aus Blech war der Halbliterkrug,
nur außen bläulich emailliert.
Mit beiden Händen ich ihn trug,
daß sich kein Tropfen Bier verliert.

Doch blies ich ab vom Bier den Schaum.
Das war des Ganymed Tribut.
Der Vater aber merkt' es kaum,
doch der Geschmack schon tat mir gut.

Wie zierlich war der Krug gebaucht!
Wie gern der Vater trank daraus!
Dann ward der Krug nicht mehr gebraucht,
als man den Vater karrte aus dem Haus.

Holunderbeeren

Wir bliesen Holunderbeeren
durch ein Schierlingsrohr.
Sie konnten nicht versehren
wie Gewehrkugeln zuvor,

als sie noch schossen,
weil Streit war und Krieg
und die braunen Volksgenossen
brüllten Heil und Sieg.

Wie friedvoll waren unsere Ränke!
Von keinem Treffer war man tot!
Wir tranken aus der Vogeltränke,
und Holunderbeeren waren unser zusätzliches Brot.

Kastanien

Kastanien waren unsre Beute.
Die Hosensäcke waren prall gefüllt.
Wir waren eine gierge Meute.
Kastanien, in ihr Stachelkleid gehüllt,

o welch Geheimnisse sie bargen,
und wenn der Sturm sie aus den Schalen brach,
welch blanker Schädel lag mit argen
Gedanken da und voller Ungemach!

Die Ohrenbeichte

Der Pfarrer wollte wissen, ob …
Ich wollte ihm nichts sagen.
Das Beichten brachte Mutters Lob.
Mir schlug es auf den Magen.

Die Ohrenbeichte fand ich fad,
den Beichtiger zuwider.
Was war denn das, der rechte Pfad?
Was drückte mich schon nieder!

Ach, diese kleinen Sünderei'n,
das Fluchen und das Lügen,
verschwieg ich nicht dem Jesulein,
ich wollt' es nicht betrügen!

Den Pfarrer aber geht's nichts an,
das dachte ich als Knabe,
und was ich insgeheim getan
und ihm verschwiegen habe,

das aber hab ich nie bereut!
Wie harmlos waren Küsse,
und immer hat mich das gefreut,
was sonst man beichten müsse!

1945

Sie kamen mit Panzern,
die Äcker zermahlend,
die Frühjahrssaaten.

Sie brachten die Freiheit,
die Hungersnot.

Vom Kaugummi
wurden die Kinder nicht satt.

Manche befreiten sie
zum Tod.

Am Bahndamm

An der Böschung sonnen sich
Eidechsen und Blindschleichen.
Schreckt ein Schritt sie auf,
verrascheln sie im Brombeerdickicht.

1945, ich war Zehn,
sah ich von unserem Fenster aus,
wie ein Sieger einen Soldaten,
der bereits am Boden lag
und mit den Händen
um Verschonung bat,
mit einem Kopfschuß tötete.

Lange hielt ich die Brombeeren
am Strauch für Blutstropfen.

Der tote Soldat (29. April 1945)

Am Bahndamm lag er,
hingestreckt ins Brombeergebüsch,
der tote Soldat.

Die Tropfen getrockneten Blutes
vermischten sich mit den Brombeeren,
die ihm in den zum Schrei
geöffneten Mund hingen.

Seine offenen Augen
starrten mich Zehnjährigen an,
geweitet vor Schreck,
als sähen sie
meine friedlose Zeit voraus.

Der Tote

Er schläft, die Füße in den Gladiolen.
Arthur Rimbaud

Er schläft, die Füße in den Gladiolen.
Ein Lächeln spielt um seinen toten Mund.
Kein Gott, ins Leben ihn zurückzuholen;
denn der, auch er, ist todesmatt und wund –

Der Sohn, er hängt nach zween tausend Jahren
gekreuzigt immer noch auf Golgatha.
Auch nicht Gott Vater kann es offenbaren,
wann Auferstehung von den Toten nah.

Vor der Erschiessung

Sie fanden die Pistole des Schwagers,
des Oberstabsfeldwebels der Wehrmacht,
der in den Kriegswirren verschollen war,
fanden sie im Nachtkästchen der Schwester
unter dem umgestülpten Nachttopf.

Grund genug, uns alle zu erschießen,
den vom Ersten Weltkrieg her
invaliden Vater, die Mutter,
die Schwester mit ihren drei kleinen Kindern –

und mich, den zehnjährigen Gaffer,
dem der Mund offen stand beim Anblick
der fremden, oft schwarzen Soldaten,
die sich wie wild gebärdeten.

Was wußte ich schon von der Todesstrafe,
die auf Waffenbesitz stand!
Was wußte ich vom Sterben,
das nur andere betraf,
niemals aber mich!

Es sterben nur Leute wie der Nachbar,
der asthmakranke, schwer atmende Vater,
und der Spatz natürlich,
den ich mit meiner Schleuder
vom Hausdach schoß!

Das Kriegskind

Ich war ein Kriegskind
wie so viele in der Welt.
Ich wurde nicht vertrieben,
doch an die Wand gestellt.

Sie sparten sich die Kugel.
Die war für einen andern gut.
Ich durfte weiterleben.
Der andere vergoß sein Blut.

So leb ich denn in Gnaden.
Der andere fault irgendwo,
wohl unter Mohn und Raden,
ist seines Friedens froh.

Kinderglaube

Das ist wahr, unangenehm
wär mir das Erschossenwerden …
Heinrich Heine

Mir Alten wär's nicht angenehm,
doch als ich zehn Jahre alt war
und uns die Amerikaner
wegen Waffenbesitzes,
auf dem die Todesstrafe stand,
erschießen wollten,
hatte ich eher ein prickelndes Gefühl
der Erwartung, wie sich
der Tod so anfühle.
Ich hatte keine Ahnung davon,
daß alle Menschen sterben müssen,
auch ich,
und glaubte unbewußt
an ein ewiges Leben.

Der Hungermund

Hat mich ein Traum genarrt?
Ich stand am Straßenrand.
Gerippe ward gekarrt.
Ich sah die Knochenhand,

die nach dem Brotlaib griff.
Ich trug ihn unterm Arm.
Ergattert nur mit Pfiff,
war er noch ofenwarm.

Ich sah den Hungermund,
das gierige Gebiß,
die Hand, die mir den Fund
wohl alsobald entriß.

Ich preßte es an mich,
das heiß begehrte Brot.
Der Zweifel mich beschlich,
ob hungert, wer schon tot.

Ich war gerade Zehn,
stand da als wie erstarrt,
und was ich da gesehn,
das hat mich nicht genarrt!

Das geht mit heute noch
im Kopf herum im Traum,
und senkt man mich ins Loch,
vergess ich es wohl kaum!

War sie ein Traum, die Kindheit?

Die Kindheit wie ein leichter Traum entschwand.
Alexander Puschkin

War das mir wie ein leichter Traum,
als ich die Totenfuhren sah,
der offnen Münder blutger Schaum,
und alles das zum Greifen nah?

War das ein Traum, als mir ein Mund
das bißchen Brot zu neiden schien,
das ich ergattert hatte? Wund
vor Mitleid hielt ich es ihm hin.

Ich habe nichts vollbracht

Ich hab ein Werk vollbracht,
dem Erz nicht zu vergleichen.
Horaz

Er hat ein Werk vollbracht,
dem Erz nicht zu vergleichen.
Mir hat kein Gott gelacht.
Als Kind sah ich die Leichen,

die sie zum Massengrab
gekarrt dort auf der Leiten.
Mich hat kein Trug genarrt.
So lernte ich beizeiten

des Menschen Niedertracht
und seine Mordlust kennen.
Ich habe nichts vollbracht,
ein erzen Werk zu nennen.

Deutschland, 1945

Grausam war die Rache der Sieger.
Sie vergewaltigten, kreuzigten,
erschossen, erhängten.

Es fehlte nicht viel, dann hätten sie noch
die Gräber aufgebrochen,
die Toten aus der Erde gewühlt,
ihre Gerippe an den Galgen gehängt
zur Abschreckung der noch nicht Bekehrten,
zu ihrer Rückerziehung
zur Freiheit des Sterbens!

Vertreibungen

Die Vertreibung aus dem Paradies,
immer wiederholt sie sich,
von Jahrtausend zu Jahrtausend,
von Jahrhundert zu Jahrhundert!

Die Menschen haben von ihrem Schöpfer gelernt,
und dieser, hat er seine Freude
an seinen Ebenbildern,
seinen gelehrigen Schülern?

Erinnert sich Gott an sein Versprechen,
die Menschen zurückzuholen in das Paradies,
wenn sie sich im irdischen Tränental
bewährt haben?

Werden die menschlichen Vertreiber,
die ihre Artgenossen unmenschlich vertrieben haben,
sie zurückholen in die angestammte Heimat?

Werden sie so barmherzig sein wie Gott?
Mir fehlt der Glaube!

Im deutschen Land

Nicht will wohllauten
Der deutsche Mund.
Friedrich Hölderlin

Wie wohllautend doch war
vor Zeit der deutsche Mund!
Dann kam das schlimme Jahr,
da wurd er stumm und wund.

Das Unwort herrschte vor
im deutschen Land.
Der Wohllaut sich verlor
im Haß, im Gas, im Brand.

Unerrettet

Ich leb in einem Land,
gebettet auf Skeletten.
An meiner Zimmerwand
hochlodert Feuerbrand.
Kann mich ein Traum nur retten?

Ich leb in einem Land,
auf Aschenbein gebettet.
Mich greift der Feuerbrand.
Verkohlt fast meine Hand.
Ich bleibe unerrettet.

Leben in einem erdachten Land

Nur in einem erdachten Land
möchte ich leben!
Dort flösse kein Blut,
gäbe es keine Kerker!

Dort gäbe es keinen
erdachten Gott,
auf dessen Barmherzigkeit
man baut wie auf Sand!

Die Mauer

Die Hummel überflog
ungehindert die Grenze
aus Phaceliablau.

Der Neuntöter
lauerte im Rotdorn,
sie aufzuspießen.

Unter der Spitzhacke fiel die Mauer,
sehr zur Freude der Menschen,
die ihre Freiheit gewannen,
aber auch zur Freude von Hase und Reh,
die ihren alten Wechsel
wieder fanden.

Prophetie

Gras ist gewachsen
über die Asche der Verbrannten.
Wer kennt noch die Namen
der Ungenannten?

Namenlose Asche derer,
die im Feuer starben.
Gras ist gewachsen
über Brandstellen, Narben.

Das Gras wird verwelken.
Die Asche wird erblühen.
Neue Leiber werden
in Feueröfen verglühen!

Rauch

Die Seelen der Verbrannten
verloren sich im Rauch,
der aus Kaminen stieg.

Die Menschen schwiegen. Auch
der Herr im Himmel schwieg,
und seine Abgesandten,
sie predigten den Sieg.

Die Seelen der Verbrannten
kein Opferfeuerrauch,
der auf zum Himmel stieg!

Avital

Kein Gott, der aus der Asche
erstehen läßt dein Angesicht!
Ich forme Stroph' um Strophe
aus deiner Asche ein Gedicht.

Kein Wind wird es verwehen,
dein auferstandenes Gesicht,
und werde ich vergehen,
bleibt es für immer im Gedicht!

Im Frieden

Heute noch graben sie
Blindgänger aus,
die sie entschärfen
unter Lebensgefahr.
Jederzeit könnten sie
explodieren
unter ihren Händen,
Menschen töten
auch im Frieden.

Vergessen

Die ungestört dort unten schlafen,
die Feldherrn ungesühnter Schlachten,
wer aber wird die toten strafen,
die Unheil über Völker brachten?

Wer aber wird gerecht sie richten?
Der Gott, der sie hat morden lassen?
Doch der, der lebt nur in Gedichten,
und ungesühnt bleibt alles Hassen!

Gott läßt sich nicht in Verse fassen!
Doch welcher Gott? Der Gott der Juden,
der Christen (welcher?), der Muslime?

Die Toten ruhen ruhig in Massen.
Wir ziehen durch die Jahrmarktbuden,
Vergessen ist bei uns Maxime!

Rauch

Sie verbrannten
mißliebige Bücher.
Druckerschwärze
färbte den Rauch,
der emporwellte,
sich zu Buchstaben formte,
zu Sätzen, die sie
nicht mehr verbrennen konnten,
die Hellsichtige lasen,
in ihrem Gedächtnis bewahrten.

Zielgenau

Ob das Laubblatt
unter der linken Schulter,
ob der gelbe Stern
auf der Brust:
Unerheblich!
Immer treffen sie
zielgenau!

Kein Orden

Kein Orden
kann die Schußwunde verdecken
in der Brust.

Kein Orden
stillt das Blut.

Kein Orden
schließt die Wunde.

Kein Orden
mehrt den Stolz der Trauer.

Kein Orden
ist einen Schuß Pulver wert.

Kein Orden
die Beförderung vom Leben zum Tod.

An Gott

Warum kreuzigst du die Menschen?
Warum kreuzigst du den eignen Sohn?
Nennen wir dich nicht allgütig?
Handelt so ein Vater? Dieser Hohn!

Warum läßest du sie köpfen,
deine Kinder, die dein Ebenbild?
Sind mißlungen sie beim Schöpfen?
Oder bist du selbst ein Tier, so wild?

Doch das Tier ist nie so grausam
wie ein Wesen, das sich göttlich nennt!
Warum achten dich die Menschen,
dich, der peinigt, keine Gnade kennt?

Der stumme Tod

Der stumme Tod,
niemals wird er gesprächig werden,
mit mir ein Zwiegespräch führen,
wie es sich für einen Vertrauten gebührt!

O ja, vertraut ist er mir,
seit ich die Leichenberge von Dachau sah!

Nichts Fürchterlicheres seitdem,
nur die üblichen Toten,
denen man eine Träne
oder auch keine nachweint!

Dem stummen Tod
werde ich zur gegebenen Zeit antworten –
mit einer Stummheit,
die ihn zum Reden zwingt!

Werdejahre

Meine Geige schenkte mir mein Vater
zu Weihnachten 1945,
weil er mich für musikalisch hielt.
Er mußte es wissen,
war er doch vor dem Ersten Weltkrieg
Trompeter bei der weitum bekannten
Dachauer Bauernkapelle.

Mein erster Geigenlehrer
war ein steinalter, halbblinder Dachauer,
von dem mein Vater die Geige gekauft hatte.
Er brachte mir die Grundzüge des Violinspiels bei.

1946 wurde ich Zögling des Erzbischöflichen
Knabenseminars in Freising,
wo ich sofort am Grundkurs für Violine teilnahm,
den der kurz vor der Pension stehende
kränkliche Domkapellmeister leitete.
Alsbald aber schaßte er mich,
weil ich Kreuz und B nicht voneinander
unterscheiden konnte.

Das verdroß mich sehr, und ich entwickelte
einen vorher nie gekannten Arbeitseifer.
Ich übte unermüdlich in einem der zahlreichen
Musikkammerl im Seminar
und brachte es bald so weit,
daß ich in einem Violinkurs am Gymnasium
Aufnahme fand.
Dort hatte ich mehr Erfolg,

weil ich in den Freistunden nichts anderes tat, als zu üben und dabei die Mathematik vernachlässigte.

Bald galt ich als der beste Geiger
am Gymnasium, dessen Musiklehrer mir versicherte,
er könne mir nichts mehr beibringen.
Dann aber nahmen mich wirkliche Könner
in ihre Obhut: ein ehemaliger Geiger
beim Bayerischen Staatsopernorchester
unter Hans Knappertsbusch,
ein Münchner Virtuose, der später
zum Konzertmeister im Staatssymphonieorchester
von Bogota avancierte.

Im Schulorchester spielte ich die erste Geige.
Zum Schulschluß führten wir einmal
eine Messe des österreichischen Symphonikers
Franz Schmidt auf. Neben mir mein Mathelehrer,
der krachend umschmiß.
Ich freute mich höllisch.

Bei den Uraufführungen der großen Messen
des frisch installierten neuen Domkapellmeisters
Max Eham in den Jahren 1949 und 1951
im Hohen Dom zu Freising
legte ich mich vollends ins Zeug.
Von Eham lernte ich viel edle Musik kennen.
Er schenkte mir die Noten sämtlicher
Violinkonzerte von Wolfgang Amadeus Mozart.
Bach und Bruckner wurden meine Lieblingskomponisten.

Höhepunkte meines Geigerlebens in Freising waren
1949 mein Soloauftritt mit einem
Largo von Georg Friedrich Händel
vor prominenten Gästen
wie dem Erzbischof von München und Freising,
Michael Kardinal von Faulhaber,
sowie meine Mitwirkung als zweiter Geiger
bei der Aufführung des Mozart-Requiems
im Freisinger Asam-Theater
unter Leitung von Domkapellmeister Max Eham.
Besonders freute es mich, daß mich Eham
für geeignet befunden hat,
den Fachmusikern vom Bayerischen Rundfunk
Gesellschaft leisten zu dürfen.

1954, nach dem Abitur,
empfing mich meine Heimatstadt Dachau wieder.
Gleich holte mich Chorregent Ritthaler
wieder ins Kirchenorchester von St. Jakob.

Welch Freude, als mir Max Eham schrieb,
er könne mich sehr gut – wiederum –
im Freisinger Dom-Orchester gebrauchen,
und er würde sich freuen, wenn ich käme.
Selbstredend tat ich das.

Als Eham 1969 als Kapellmeister
an den Münchner Liebfrauendom
und zum Professor an der Musikhochschule
berufen wurde,
holte er mich jahrelang in den Dom zum Spielen.
Da saß ich nun neben langgedienten
würdigen Damen und Herren, unter die sich

oft auch wunderhübsche junge japanische
Geigerinnen, wohl Musikstudentinnen, gesellten.
Da schlug mein empfängliches Herz höher.
Ich saß, als zweiter Geiger natürlich,
nahe bei der Orgel, die Professor
Franz Lehrndorfer meisterhaft schlug.

Bald aber, in den Irrungen und Wirrungen
meiner Verwaltungstätigkeit,
vernachlässigte ich die Geige und wandte mich
voller Inbrunst
dem Schreiben zu, Lyrik, Haiku, Prosa.

Davongekommen

Ein Diener des Herrn
sollte ich werden
auf Wunsch der Mutter.
Dem Vater war es egal.

Beizeiten roch ich den Braten
und ließ die geistliche Zuchtanstalt
schleunigst hinter mir.

(»Viele sind berufen,
aber nur wenige auserwählt«)

Betrachte ich im nachhinein
die Leidensgenossen von damals,
wie sie seelisch verkrüppelt
durch ihr tristes Leben tappen,
kann ich nur innigst danken
demselbigen Herrn,
daß er mich ausgestoßen hat
wie weiland der Walfisch den Jonas!

Die Geige

Wenn ich in der Mathematik versagte,
griff ich zu meiner Geige.
Allzeit war sie meine Trösterin –
auch später, wenn das Leben zuschlug.

Jetzt ruht sie im Kasten,
verstimmt und geduldig wartend
auf meine Hand.

Ich fühle mich schuldig,
habe sie vernachlässigt
zu Gunsten der Schreibfeder,
der unduldsam eifersüchtigen.

Meine Geige

Wie ein Zigeuner hab
ich meine Zeit vergeigt.
Nun da hinab ins Grab
der bittre Zeiger zeigt,
leg ich behutsam sie
beiseit, die Geige mein,
hör in die Harmonie
der Ewigkeit mich ein.

Das Schöne

Und es neiget die Weisen
Oft Am Ende zum Schönen hin.
Friedrich Hölderlin

Ich bin nicht weise, neige
seit je zum Schönen hin.
Ich spiele Bach auf meiner Geige
und liebe Gryphius und Hölderlin.

Und manchmal ist es eine Feige,
von der ich hingerissen bin,
in der sich mir die Schöpfung zeige,
die mir vollendet schien.

Im andern Land

Kann Bach wohl nimmer geigen,
die Hand ist mir erlahmt,
vor ihm nur mich verneigen.
Sein Bildnis, goldgerahmt,

geschmückt mit frühen Nelken,
an meiner Zimmerwand.
Mög mir die Hand verwelken,
sie spielt im andern Land.

Verklärte Nacht

Arnold Schönbergs Streichsextett
hat mir die Nacht verklärt.
Meine Augen wanderten
auf der Milchstraße.
Sie kamen ans Ende,
das kein Ende hat.

Januar 2021

Ich lege den Geigenbogen beiseite
und nehme die Schreibfeder in die Hand.
Die Töne werden mir zu laut.
Die Ohren schmerzen.
Weil die Hörfähigkeit nachläßt?

Wohltuend die Buchstaben
in ihrer Lautlosigkeit.
Sie offenbaren sich nur den Augen.

Wie lange noch?
Denn die verlieren schon
in aller Stille ihre Sehkraft.

Jetzt rächt es sich,
daß ich viel gegeigt
und viel gelesen habe:

Jetzt tummeln sich Gegeigtes
und Gelesenes
disharmonisch in meinem Kopf.

An den Tod

Nicht mit der Sense,
mit der Geige komm!
Nur mit ihr erkennte ich dich
als Bruder im Geist!

Der schneidende Schnitt
schreckte mich ab,
dem lieblichen Saitenspiel
folgte ich gern!

Wieder nicht

Das erste Buch, das ich las,
war eine Räuberpistole:
Überfall auf eine
Postkutsche im Wald,
Raub von Säcken voller Gold.
Ich war acht Jahre alt
und auf Seite der Räuber.

Später las ich Majakowski
und war auf Seite
der Unterdrückten.

Heute lese ich die Bibel
wieder nicht.

Mein erstes Manuskript

Wie sorglos schrieb ich
meine Verse,
wie furchtlos!

Wovor hätte sich auch
ein Achtzehnjähriger
fürchten sollen!

Der Tod in weiter Ferne,
eigentlich nicht
für möglich gehalten
für die eigene Person.

Wozu sich mit ihm beschäftigen,
wenn das Leben vor einem lag,
unberührt und erst noch
zierlich zu beschreiben!

Die Welt in meinen Versen

… die Welt strömt ein. Ich atme sie zurück.
Elisabeth Langgässer

Die Welt strömt ein:
Weinduft aus Burgund.
Blutgeruch aus Flandern.
Ich atme sie zurück
in meinen Versen.

Der Vers

Hab der Rosen viel gepflückt.
Alle welkten hin.
Mancher Vers ist mir geglückt,
drin ich selber bin.

War gar selbst von ihm entzückt,
der mir glanzvoll schien.
Andre haben ihn zerpflückt,
und so schwand ich hin.

Verse

Was wird sein in hundert Jahren?
Wird der Gevatter Schaufler
meinen Schädel
mit einer Schaufel Lehm
aus der Grube werfen,
singend?

Kein Prinz von Dänemark
wird meinen Schädel bedauern:
»Er hatte einmal eine Zunge
und konnte singen!«

Ein Vorübergehender vielleicht
mag sich fragen,
wem der Schädel wohl gehöre,
nicht ahnend,
daß dieser einst
– wie die Mohnkapsel Samen –
Verse verstreut hat.

Gingen sie auf?
Haben sie den Mohn überdauert?

Der Gewinn

Größer ist Tod – das Leben erntet ihn.
John Keats

Auf diese Ernte wohl
verzicht ich gern! Mir scheint
sie allzu dürr und hohl,
nichts Rechtes, nur Gebein!

Hab anderes im Sinn,
das ich gern ernten will:
Der Vers sei der Gewinn,
vor dem der Tod schweig still!

Verse in der Seele

... und Verse in der Seele.
Jan Swatopluk Machar

Verse in der Seele,
geh ich durch die Nacht.
Mond – die Marmorstele.
Meine Seele lacht

über meinen Schlächter,
der am Himmel wacht.
Weithin sein Gelächter.
Meine Seele lacht.

Mond – die Marmorstele,
drauf mein Name steht.
Verse in der Seele,
die kein Tod verweht.

Die Seele

Das Fleisch ist trauernd, ach!
Stéphane Mallarmé

Das Fleisch ist trauernd, ach!
Die Seele aber triumphiert.
Ich liege überwach,
wenn sich in mir ein Vers gebiert.

O armes Fleisch – wie schwach!
Wie stark die Seele, die nie bricht,
zerfällt der Körper, ach!,
und die verjüngt sich im Gedicht!

Am Schreibtisch

Die Arbeit getan:
Schnee geräumt.
Die Vögel gefüttert.

Aber am Schreibtisch
geht mir nichts von der Hand.
Schließlich sitze ich
vor ausgestrichenen Wörtern.

Irgendwann streicht mich einer,
ungeduldig geworden,
von seiner Liste.

Warten auf die Zunge wie von Feuer

Stille leuchtet die Kerze
Im dunklen Zimmer ...
Georg Trakl

Manchmal zünde ich eine Kerze an,
schalte die grüne Tischlampe aus,
und ich lasse meinen Gedanken freien Lauf.

Der Ahorn vor dem Fenster
zeichnet mir im Halbdunkel
die Schattenschrift des Laubs
an die Zimmerwand.

Vergeblich versuche ich,
die Sprache des Baums,
deren ich nicht kundig bin,
zu enträtseln, und ich warte,

daß sie sich niederlasse auf mich,
die Zunge wie von Feuer,
und ich zu sprechen begänne
in den Zungen der Bäume.

Die Schreibfeder

Ich habe mir
Schreibverbot auferlegt.

Bald aber bricht es
die Schreibfeder.

Sie ist stärker als ich,
hartnäckiger als meine Hand,
die sich weigert zu schreiben.

Die Schreibfeder beherrscht mich.
Meine Hand ist ihr zu Willen.

Auf der Suche nach dem Gedicht

Verwelkt mir meine Hand,
bevor den Vers ich schrieb,
bevor ich Strophen fand,
die auch den andern lieb?

Ich such nach dem Gedicht,
das mir vollendet scheint,
das auch den Tod besticht,
der um sein Opfer weint.

Manuskripte

Manuskripte,
Handgeschriebenes,
Handverlesenes.

Nächten Abgetrotztes,
mit Sternenstaub
Gesiegeltes.

Verächtlich
wischt es beiseite
der Tod.

Die Unschuldigen

Ich kann es nicht vermeiden,
in mein Gedicht auch die Toten einzubeziehn,
die Erschossenen, Zerbombten,
von Granaten Zerrissenen,
die Gehenkten, Vergasten, Verbrannten!

Aber warum sollte ich ausschließen aus dem Gedicht
die Schmetterlinge, Libellen,
Schlüsselblumen und Apfelblüten,
da sie doch unschuldig sind
an den Verbrechen der Menschen!

Das Wort

Unsterblich ist das Wort,
das niemals endet,
das lebt im Atem fort
aus einer Vogelkehle
und sich verschwendet
im Duft der Asphodele.

Das Dichterwort

… den jeden reißt seine Lust hin.
Vergil

Ich bin der Lust verfallen,
zu dichten immerfort.
Es möge laut erschallen
das wahre Dichterwort!

Ich hab nicht vor zu schweigen,
wenn lauthals jeder Wicht
Verachtung wollte zeigen
dem edleren Gedicht.

Die Schönheit und die Wahrheit
verspottet er mit Lust.
Im Dichterwort ist Klarheit.
Das Wort des Wichts ist Blust!

Sprachen

Habe nun, ach! Latein und Griechisch –
und leider auch Mathematik! –
durchaus studiert mit heißem Bemühn,
aber die Sprache der Bäume,
des Grases, des Wassers,
der Wolken, der Sterne
bleibt mir verschlossen!

Gescheitert am Grashalm, am Tautropfen,
am Ahornblatt, das sich rot färbt
und in mystischen Wirbeln niedersinkt!

Gescheitert an Gott,
der in unzähligen Sprachen spricht,
die verwirren!

Einzig der Tod
mit seiner nachvollziehbaren Sprache,
die Jedermann eingeht!

Nicht geeignet

Der Rohrsänger versteht,
was das Schilf
mit dem Wind flüstert.

Nicht geeignet
unsere Ohren
für wortlose Sprachen.

Die Sprache der Stare

Nein, ich werde nicht bald sterben!

Ich lese es aus den Starenschwärmen,
die südliche Sonne lockt,
und die es mir
an den Himmel schreiben.

Ich traue ihnen,
die mir den ganzen Sommer über
etwas vorgeschwatzt haben,
das ich zu verstehen glaubte –

habe ich mich doch ihrer Sprache hingegeben
an den Sommerabenden
wie sonst keiner!

Nein, ich werde nicht sterben,
ehe nicht die Stare zurückgekehrt sind
und mir in ihrer Sprache
zu verstehen geben:
Jetzt,
jetzt ist es soweit.

Gern füge ich mich
der Sprache der Stare.

Die Geheimnisse der Schmetterlinge

Hätte ich doch ein so feines Gehör,
die Gespräche der Schmetterlinge wahrzunehmen!
Wie verständigen sie sich untereinander?
Welche Geheimnisse, die nur Schmetterlinge kennen,
flüstern sie sich zu mit ihren Flügeln?
Werden wir die Schmetterlingssprache erst verstehn
in der Stunde unseres Absterbens,
in die Geheimnisse der Schmetterlinge
erst dann eingeweiht werden,
wenn wir sie nicht mehr verraten können?

Auf der Wyborger Seite

Zeitlebens lag ich
auf der Wyborger Seite.

Mir mangelte nichts.

Gebratene Tauben flogen mir
ins offene Maul.

Die Hausfrau opferte sich auf
zu meinem Wohl.

Unermüdlich ihre bloßen Arme.

Ihr weißer Busen wogte
zu meiner Freude –

der einzigen.

Das Hinüberschlafen
nahm ich nicht mehr wahr.

Des Schlafes Bruder
war mir gnädig.

Nichts zu sagen gegen seine
Barmherzigkeit!

Oblomow

Was ficht mich an das Morgen,
das Heute ist mir angenehm!
Soll'n sich die andern sorgen,
ich aber mache mir's bequem

auf meinem Diwankissen,
gehüllt in seidenen Chalat!
Ich bin nicht dienstbeflissen
wie die in Robe und Ornat.

Ich blas den Rauch zu Ringen,
wenn selig ich den Tschibuk schmauch,
und sinne nach den Dingen,
dem Sein, das schwindet hin wie Rauch.

6.6.2020 7.40 Uhr

Im Nymphenburger Park

Meine Nachmittage verbringe ich
im Nymphenburger Park
in Gesellschaft mit marmornen Göttern.
Deren Anblick ist mir angenehm,
und sie verbergen sich nur
im Lorbeergebüsch
im Gegensatz zu dem Unsichtbaren,
der sich in Wolken hüllt.
Mit den Göttern kann ich reden,
sie widersprechen mir nicht
wie der Unsprechbare,
der mir allenfalls
einen Regenschauer schickt.
Oder zeigt er sich versöhnlich
als wieder aufscheinende Sonne,
obwohl ich mit ihm hadere?
Ich halte mich lieber an die Götter,
die ich begreifen kann!

Nachmittag ohne Faun

Die Flöte stumm,
sehnsüchtig nach einem Mund,
der sie von ihrer Stummheit erlöst.

Sehnsüchtig der Faun
nach Flötentönen,
die ihn aus dem Lorbeergebüsch
hervorlocken.

Sehnsüchtig auch ich
nach der Flöte an meinem Mund.
Allein mir fehlt der Atem.

Ist irgendwo ein Mund,
der Flöte ein Atem?

Die Rache des Gottes

Die Standbilder der Götter
und der Göttinnen im Park
können zueinander nicht kommen,
ihr Geschlecht ist aus Stein.
Ich habe Mitleid mit ihnen,
berühre die Brust einer Göttin
mit behutsamer Hand,
verspüre aber nur
kühle Zurückweisung.
Der Blöße des Gottes
nahezukommen,
scheue ich mich,
ich fürchte seine Rache.
Er hat die Macht,
Fleisch in Stein zu verwandeln.

Die Schlange

Ich, Göttin, bin aus Stein.
An mir prallt ab der Blick.
Kein Laut dringt in mich ein.
Um meinen Hals die Schlange,
sie windet sich zum Strick
und bricht mir das Genick,
sanft streichelnd meine Wange.

Ich, Göttin, bin aus Stein.
Das Aug schließt mir das Moos.
Ich will nicht sehend sein,
ich sähe Zwietracht bloß!
Das Dunkel macht nicht bange.
Zu Staub zerfällt mein Schoß,
der freudig litt den Stoß.
Im Staube kriecht die Schlange –

Villa Massimo, 1988

Worüber ich grübelte
in schlaflosen Nächten,
das schrieben mir
die Zikaden in den Pinien
auf das leere Blatt.

Die Standbilder der Götter
im mondhellen Park,
fanden sie wie ich
keinen Schlaf
und dachten darüber nach,
wann sie zerfallen würden
zu Staub?

Der Stein in meiner Brust
wird ihnen zuvorkommen;
denn Götter haben kein Herz,
das sich erweichen ließe
von einem mit geschulterter Sense!

Fremd in der Fremde

Um fünf Uhr früh
weckte uns das Trompetensignal
aus der nahen Kaserne.

Ab ins Bad.
Aus dem Wasser stiegen wir
verschwitzt wie vorher.

Hinaus in den Park.
Die Zikaden in den Pinien
empfingen uns wie Störenfriede,
sirrten uns die Ohren voll.

Auf Stühlen aus Stahldraht
hielten wir es
keine halbe Stunde aus.

Auch in den Augen der Lazerten
an der Parkmauer
waren wir Fremde.

Pans steinernes Lachen im Lorbeer
schmerzte bis in die Gehirnwindungen.

Die Nadelstiche der Pinien
unter die Haut,
bis aufs Blut.

Fremd in der Fremde.

In Rom

Ich mag Pinien,
nicht aber ihre Bewohner,
die Zikaden.
Sie zersägen mein Gehör,
Vivaldis concerti,
die es gespeichert hat.
Nirgendwohin kann ich fliehn,
der Ertaubung zu entgehn.
Vor Gemälden
in Vatikanisehen Sammlungen
erblinden mir die Augen.
Ein Besucherräuspern
ist mir wie ein Donnerschlag.
Ich entfliehe in die Katakomben
zu den Gebeinen,
wo ich mein Wohlbefinden
wiederfinde.

In der Peripherie Roms

Ich möchte nicht leben
in der urbs aeterna,
unter mir eine Nekropole!
Ich möchte nicht lustwandeln
über Gebeinen!
Mich treibt es hinaus
in die Pinienwälder,
in deren Schatten
die Legionen lagerten,
und wo mir der Harzgeruch
der Pinienzapfen bezeugt,
daß es außer Tod und Zerfall
auch noch den Duft gibt
des unbesiegbaren Lebens.

Rom

Zuviel Blut geflossen.
Zuviel Ruinen.
Ich kehre nicht wieder.

Romulus und Remus,
meine Brüder,
habe ich nicht gefunden.

Wo die Wölfin,
die mich säugte?

Unter den Tritten
der zu Staub zerfallenen Legionen
erbebt noch immer die via appia.

Meine leisen
vergänglichen Schritte
verflüchtigen sich zur Flucht.

Erinnerung an Rom, 1988

Den Geldbeutel an einer
Schnur um den Hals
aus Angst vor Straßenräubern
auf dem Moped.

An einem Halbliterkrug Weißwein
bei Emilio
nippten wir nur spärlich,
während an den Nebentischen
die Gäste üppig praßten.

Der Schirokko verleidete uns die Lust,
tiefer ins Innere Roms vorzustoßen.

Unlustig dösten wir im Palazzo,
durch den die Ameisen
ihre Bahnen zogen.

Die Fensterläden hielten wir
nachts geschlossen
aus Furcht vor Einbrechern,
die auch die vier Meter hohen
Parkmauern überwanden.
Ein Ratschlag der Dottoressa,
der Hüterin der Villa.

Nach drei Tagen
Flucht in den regnerischen Norden
mit dem »Michelangelo«.

Unser Aufatmen hätte man
bis nach Rom hören müssen,
den Stein vom Herzen plumpsen.

Als Erinnerung an Rom
nichts als das Sirren der Zikaden
in den Ohren.

Villa Massimo, Rom, 1988

Ob sich Rom
noch meiner erinnert,
dessen Gast ich war?

Am liebsten erging ich mich im Park
und hörte den marmornen Göttern zu,
wie sie sich unterhielten.

Ich sprach mit den Pinien,
den Zikaden, die sie bevölkerten,
und die meine Stimme übertönten.
Ob sie sich noch an mich erinnern?

Die im Lorbeergebüsch
verborgene Göttin
hat wohl keinen Grund,
mir nachzusinnen.

Ich flüsterte
der mir Lauschenden
meine Verse zu,
denen sie nicht widersprach.

Überleben

Ich atme,
um zu sein.

Ich schreibe,
um zu leben.

Ich musiziere,
um zu überleben.

Nur im Gedicht

Vom Drang nach dem Schönen versengt.
Charles Baudelaire

Ich hin vom Drang versengt
nach allem Schönen.
Wie mir die Brust beengt
mein Seufzen, Stöhnen,

da ich das Schöne nicht,
kann's nirgends finden!
Das kann nur im Gedicht
ich überwinden!

Was wir fürchten

Gesang, um nicht zu sterben.
Wolfgang Weyrauch

Ich singe meine Lieder,
um nicht zu sterben
in dieser vom Erlösungsschrei
durchgellten Welt.

Wir schmachten im Kerker
des Lebens,
aber wir fürchten
die Befreiung.

Dulde, Dichter, nur und schweig!

Wie ein abgestorbner Ast
hängt herab der lahme Arm.
Jeder trägt des Lebens Last,
deren sich kein Gott erbarm.

Jeder Finger ist ein Zweig,
den kein Windhauch mehr bewegt.
Dulde, Dichter, nur und schweig,
bis man dich zu Grabe legt!

Zeugt für dich nicht dein Gedicht,
wenn dir deine Lippen wund!
Auch statt deiner leise spricht
Erde, die dir schließt den Mund.

Ich lasse nicht vom Dichten!

Sterbliche! Sterbliche! Lasset das Dichten!
Andreas Gryphius

Der ich auch sterblich bin,
ich lasse nicht vom Dichten!
Und siech ich lange hin,
mein Vers wird es schon richten!

Wie tröstet mich das Licht
der ewgen Sonne immer!
Ich lob es im Gedicht,
und auch den matten Schimmer

des Tagmonds, kaum zu sehn.
Ich lasse nicht vom Dichten,
und muß ich einmal gehn,
mag man dafür mich richten!

Welch ein Fund!

Wurze des waldes. …
Sperrvogel

Wurze des waldes –
welch ein Fund!
Vor solchem Vers
schweigt mein Mund!

Ungenannt

Weil er das Land des Lebens nicht besungen.
Stéphane Mallarmé

Der nie besang, was lebte,
der wurde in das Nichts verbannt,
vor dem er stets erbebte.
Vom Leben hat er nichts gekannt,
das ihn umschwirrt', umschwebte.
So blieb er Dichter ungenannt,
als ob er niemals lebte.

Ungestorben

Noch bin ich ungestorben,
erfreue mich der Luft,
die ich atme,
des Lichts,
das ich trinke
mit dürstenden Augen.

Der Mund quillt mir über
von Versen.
Noch ist er unverstummt.

Meine Finger gleiten
über die Saiten der Geige.
Noch sind sie unversteift.

Unerlahmt noch
meine Arme,
Windmühlflügel,
die Vogelflügel
sein möchten!

Der Alte

Was bleibt mir? Auf- und abzugehn
im Zimmer mit der Krücke!
Im Fenster spiegelnd mich zu sehn
und eines Zahnes Lücke!

Und pfeife ich aus diesem Loch,
pfeift's wie von einer Ratte!
Oh, wie mein Mund erfrischend roch,
als ich noch Zähne hatte!

Wie blendend hab ich sie gezeigt,
wenn ich berückend lachte!
Wie war'n die Mädchen mir geneigt,
die ich zum Glühen brachte!

Ach ja, der Glühwein wärmt nicht mehr!
Kein Feuer in den Adern!
So schlurf ich lustlos hin und her
und kann nur hadern, hadern!

Jetzunder zeigt der Knochenmann,
der Tod, mir seine Zähne,
so bissig, wie nur er es kann!
Ich aber gähne, gähne!

Der dunkle Zwang

Ein dunkler Zwang, der Bäume zwingt
und Menschen abzusterben.
Das Laubwerk, das nach Atem ringt,
es wird im Frost zerscherben.

Den hundertjährgen Walnußbaum,
ein Blitz hat ihn gespalten.
Das Leben nur ein Hauch, ein Flaum!
Der Blitz trifft auch dich Alten!

Der Blitzeschleudrer Zeus, wie einst
die alten Griechen meinten?
Ist es der Gott, um den du weinst,
um den die Menschen weinten,

seit sie sich ihn erdacht?
Wir unterliegen Zwängen,
mißbrauchen unsres freien Willens Macht,
wir henken und wir hängen!

Sind wir die Ausgeburt
wes zwanghafter Gedanken?
Wer zwingt uns durch die Furt
des Tods, setzt Schranken?

Die wissenden Wesen

Ich möchte nicht wissen,
was der Buchdrucker schreibt
unter der Baumrinde ins Holz!

Die Wesen wissen Bescheid
und verbergen gnädig unseren Augen,
was das Schicksal uns sinnt!

Der Turm

Ich baue mir einen Turm,
um den ich herumgehn kann,
ganz oben, wo die Wolken ziehn.

Kein Engel fliegt herein.
Kein Gott besucht mich.
Ich halte Fenster und Luken geschlossen.

Ich trage mein Haar kurz geschoren,
habe keinen Zopf wie Rapunzel
oder wie ein chinesischer Mandarin.

Ich habe keinen Zopf,
an dem einer heraufklettern kann,
nicht einmal der Tod.

Der bleibt am Boden!

Bei Halbmond

Der Halbmond sichelt falbes Gras
und irgendwo auch alte Herzen.
Ich aber träumte irgendwas,
nur nicht von Leiden und von Schmerzen.

Was mir als Kind im Traum erschien,
ich Alter weiß es heute nimmer.
Ich weiß, daß dürres Gras ich bin,
und seh schon nah der Sichel Schimmer,

Das Schattenherz

Begleitet von meinem Schatten,
geh ich durch die Tage, Nächte.
Der Treue weicht nicht von meiner Seite.
Nur am Mittag, um Mitternacht,
an wolkenverhüllten Tagen,
in mondlosen Nächten
zieht sich mein Schatten
in mein Inneres zurück,
verbirgt sich das Schattenherz
in dem meinen,
damit es nicht getreten werde
von Schritten fremder Schatten.

Zwiegespräch

Wir halten Zwiesprache,
mein Schatten und ich.

Mein Schatten hat mir viel zu sagen,
auch wenn er schweigt.
Er eilt meinen Gedanken voraus.

An das Vergangene denkt er nicht.
Er denkt nur das Heute.

Er schweigt mir vor,
was ich gern denken möchte.

Ich schweige ihm vor,
was er nicht denken möchte.

Die Freude des Erkennens

Immer horch ich,
ob niemand mich ruft.
Paula Ludwig

Ich meine,
ob niemand von drüben
mich ruft.

Ich sehne mich
nach abgestorbenen Stimmen.

Ich lege mein Ohr
an den Stamm eines Baums,
dem ich zutraue,
Verbindung nach drüben zu haben.

Ich höre des Nachts
das Laub flüstern,
und mich durchbebt
die Freude des Erkennens.

1985

Der Todesengel
mit zweiflügliger Sense.

Warum holte er nicht
aus mit beiden Sensen,
berührte mich nur
mit einer Flügelspitze?

War ich ihm noch nicht reif genug,
ich, die mit Körnern der Hoffnung
prall gefüllte Ähre?

War ich taubes Korn,
das er verschmähte?

Aber die Ernte,
sie bleibt nicht aus,
so oder so!

Immer die Furcht

Ich war wie ein leichter Kahn
im gefrorenen Wasser.
Paul Éluard

O wäre Charons Kahn
eingefroren im Styx!
Doch immer die Furcht
vor dem Tauwetter!

Am Ende der Strecke

Meine Gedankengänge,
von keinem anderen zu begehen
als von mir allein.

Einsame Wege,
durch Angstgestrüpp führend,
hinein in jesuloses Wirrwar.

Am Ende der Strecke hänge ich
wie Jener am Kreuz,
ohne den Beistand von Schächern.

Übungen

Bette ich mich abends zur Ruhe,
übe ich die Grablegung.

Stehe ich morgends auf,
übe ich die Auferstehung.

Wie lange soll ich noch üben?

Beim Schlag ans Tor

Ich habe nicht vor
zu verreisen.

Das Gefährt vor dem Haus des Nachbarn,
das ihn zum Gottesacker karren wird,
sehe ich mit Gelassenheit.

Etwas besseres kann ihm,
der seit vierzig Jahren gelähmt ist,
nicht geschehen.

Ich habe nicht vor
zu verreisen.

Beim Schlag ans Tor
bleibe ich still,
stelle mich tot.

Brombeeren

Vom Blut der Brombeeren dunkelrot geschminkt
die Münder der Kinder.
Wer Burgunderwein trinkt,
dem färbt sich sein Mund nicht minder.

Ach, eilender Sommer, bleib
und gib mir deine letzten Säfte zu trinken!
Wenn ich die reifste Beere zerreib,
mag sie auch mir die Lippen schminken –
eh es der Tod tut zum Zeitvertreib!

Am Chidron-Bach

Ich weine in den Chidron-Bach.
Mir scheint, ich hab es nicht geträumt.
Ich steh an seinem Ufer wach,
der rot von Menschentränen schäumt.

Dahinfließt alles Weh der Welt,
ein Rausch von Tränen, je geweint.
Von fern die Tempelglocke schellt.
Hier ist die Menschheit schmerzvereint.

Mittagstille

Unermüdlich zirpt die Grille,
stets der gleiche hohe Ton.
Hörbar wird die Mittagstille,
und es hört sie auch der Mohn.

Winden, die am Zaun ihr lauschen.
Käfer halten ein im Flug.
Mir im Ohr ein sanftes Rauschen,
Flügelschlag der Zeit – ein Trug?

Schwebt der Todesengel ein?
Schon erschauern Blatt und Baum.
Unerschrocken nur der Stein.
Schläfer schreckt aus seinem Traum.

Irgendwo ein großer Wille,
unnahbar und mitleidlos.
Scheu erschauert auch die Stille.
Herzen, Wunden liegen bloß.

Schnecke zieht die Fühler ein,
windet tief sich in ihr Haus.
Selbst im Karner das Gebein
horcht ins Lautlose hinaus.

Das Veilchen

Sieh, das bescheidne Veilchen,
der Schöpfung Meisterstück!
Wenn auch nur kleines Teilchen,
strahlt’s aus doch Schönheit, Glück.

Ich wollte mich schon bücken,
da hielt ich inne schnell:
Es sah, mir zum Entzücken,
mich an aus Augen hell.

Königskerzen

Königskerzen sind die einzigen Lichter,
die ich mir wünsche zu beiden Seiten des Sargs.
Der Mesner braucht sie nicht zu löschen,
sie verbrennen sich selbst.
Allein ihre Asche duftet nach Herbst,
nach Hoffnung auf Auferstehung.

Die Bibel der Sterne

In der Bibel der Sterne …
Jewgenij Boratynskij

In der Bibel der Sterne
lese ich gerne,
je weiter ich mich entferne
vom irdischen Sein.
Dort finde ich Wahrheit,
dort finde ich Klarheit,
dort les ich mich ein.

Ein Wort, das schreckt

Unsterblichkeit, nicht in den Mund
von Sterblichen zu nehmen!
Nur dem Unsterblichen steht's zu,
nicht seines Bildes Schemen!

Unsterblichkeit, ein Wort, das schreckt
und eine Ahnung in uns weckt
von ewiger Verbannung!

Ausgeliefert

Ausgeliefert bin ich ihm
auf Gedeih und Verderb.
Er hat mich in der Hand,
aber er führt mich nicht.

Er läßt mich in den Abgrund stürzen.
Nicht einen seiner Engel schickt er,
mich aufzufangen!

Was habe ich ihm getan?
Bin ich schuld an der Erbsünde,
die er arglistig erfand?

Ich fürchte den Teufel
in seiner Gestalt!

Heillos

Durchgellt die Sommernächte
vom ewigen Erlösungsschrei.
Nichts, das Erlösung brächte.
Der Tod am Kreuz – noch nicht vorbei!

Noch immer Wundenmale
an Händen, Füßen, linker Seit'!
Wo in der Hände Schale
noch des Erlösers Blut bereit?

Nicht öffnen sich die Grüfte
in unsrer Erdennacht Verlies!
Wo Asphodelendüfte,
die uns der Gottesmensch verhieß?

11.6.2020 13.25 Uhr

Danaergeschenk

Stets quält der Mensch
und tötet seinesgleichen.

Gott redet sich heraus:
Der Mensch hat einen freien Willen!

Doch hat nicht Er
ihm diesen eingepflanzt?

Das nenn ich Arglist, so zu tun,
als sei der Mensch
allein der Schuldge!

Gott, der Allweise,
hat nicht er
von Anfang an gewußt,
der Mensch wird ihn mißbrauchen,
diesen freien Willen!

Das nenn ich Arglist,
unwürdig eines Gottes!

Einerlei?

Du hast Mitleid
mit den Menschen
und erhoffst dir dadurch
Nachsicht in der Ewigkeit.

Doch was ist Ewigkeit?
Die ewige Natur?

Die Natur jedoch
kennt keine Gefühle,
keinen Nachlaß dessen,
was man so Sünde nennt!

Ist es also einerlei,
ob du Mitleid hast
mit den Menschen,
oder ob sie dir
gleichgültig sind?

Das Geheimnis der Schöpfung

Was unterscheidet uns
vom Grashalm?
Auch er ist der Gedanke
eines Schöpfers,
der ewiglich
Geheimnis bleibt.

Was unterscheidet uns
vom Tautropfen am Grashalm?
Er wird verdunsten,
wie der Grashalm vergilbt.

Wir zerfallen zu Staub
nach dem Willen des Schöpfers,
den wir für unsterblich halten,
und der sein Geheimnis
niemalen preisgibt.

Hätte Gott ein Eheweib

Hätte Gott ein Eheweib,
und hätte er Kinder,
behandelte er sie
genauso grausam
wie seine Menschenkinder?

Verstieße er sie wie diese
aus seinem Garten Eden?
Überantwortete er sie dem Tod?
Ließe er sie in der vagen Hoffnung
auf ein ewiges Leben?

Warum heißen die Menschen
Gott ihren Vater,
obwohl er sie so unbarmherzig
mit Leid und Schmerzen schlägt?

Harmlosigkeiten

Die Gedanken Gottes
sind Schneefall, Eis
und Beinbrüche.

Nach Belieben bläst er uns
Föhn ins Gesicht.

Harmlosigkeiten,
eines Gottes nicht würdig,
der uns den Tod
auf den Leib hetzt!

Gottes Meisterstück?

Der uns den freien Willen gab,
arglistig handelte der Gott!
Daß wir uns schaufeln selbst das Grab,
erfinden Galgen und Schafott,

das dachte doch der Gott voraus,
den Mißbrauch dieser seiner Gunst!
Ergötzt er sich an Gram und Graus,
an Strömen Bluts und Feuersbrunst?

Wann nimmt er sein »Geschenk« zurück,
das allezeit der Mensch mißbraucht?
Ist das des Gottes Meisterstück,
wenn ihm das Opferfeuer raucht?

Gottes Tränen

Der Wind weint in den Bäumen.
Paul Verlaine

Der Wind weint in den Bäumen.
Vielleicht ist's auch der Gott,
von dem die Menschen träumen,
der über das Schafott,
das sich der Mensch ersonnen,
in Tränen sich erbrach,
die in den Chidron-Bach
als Regen sind geronnen.

Warum?

Auch das Schöne muß sterben.
Friedrich Schiller

Warum hat er das Schöne,
der große Gott, geschaffen?
Als ob er ihn verhöhne,
läßt er den Leib erschlaffen!

Vertreibt ins Ungewisse
die einsam arme Seele?
Hat er Gewissensbisse
ob seiner argen Fehle?

Warum zerstört er wieder,
was schien ihm erst gelungen,
die wohlgeformten Glieder,
die lieblich leisen Zungen,

die leuchtend sanften Augen,
die Lippen, heiß von Küssen?
Mag Gott sich selber taugen,
auch er wird sterben müssen!

Gott Vater

Adam und Eva,
Gottes Geschöpfe,
arglistig in Versuchung geführt
von ihrem Schöpfer, der wußte,
daß sie seinem Gebot,
nicht vom Baum der Erkenntnis zu kosten,
nicht würden Folge leisten,
und der sie deshalb
des Paradieses verwiesen
und sie in die Erdengruft verbannt hat.
Handelt so ein Vater?
Handelt er so an seinen Kindern!
Seinen Sohn, den göttlichen,
Bruder von Adam und Eva,
hat er auf die Erde gesandt,
hat ihn dem Kreuzestod überantwortet,
um die Nachkommen Adams und Evas,
die Menschheit,
von deren Verfehlungen zu erlösen.
Handelt so ein Vater?
Handelt er so an seinem eigenen Sohn!
Wer kennt die Gedankengänge eines Gottes,
den man allgütig und barmherzig nennt,
allweise, und der voraussehen hätte müssen,
daß seine Geschöpfe schwach sind
und ihm unabweichlich zuwiderhandeln werden.
Auch der Kreuzestod seines Sohnes
hat die Menschen nicht gebessert,
geschweige denn erlöst vom Leiden,
das ihnen der eigene Vater aufgebürdet hat.

Gott Vater allein,
ohne die vorgeschobene Hilfe seines Sohnes,
könnte die Menschheit retten, erlösen!

An die Zeitgenossen

Wir müssen nicht alles verstehn,
was die Natur an Wundern bereithält.
Laßt den Rosen ihr Rot,
den Astern ihr Blau!
Wir müssen nicht alles überzüchten
nach unserem Geschmack und Gefallen.
Ändert nichts nach euerem Bild,
das euerem Schöpfer gleichen soll!
Laßt die Seele ungestört
in euerem Körper wohnen,
bis sie euer überdrüssig wird,
davonfliegt, dem Schmetterling gleich,
der sich seiner Hülle entledigt!
Findet euch ab mit euerer Endlichkeit
und nehmt sie als Gnadengeschenk an;
denn ein ewiges Leben auf Erden
wäre die immerwährende Hölle!

Inhalt

Michael Groißmeier

DIE ASCHENSTADT

Dachau im Gedicht

Wie war das damals, während des Holocaust? Was bekam man mit? Was wusste man damals? Diese und andere Fragen über die Zeit des Nationalsozialismus erwecken auch heute noch breites Interesse – nicht nur in der Wissenschaft. Zeitgenossen gibt es immer weniger. Einer davon ist der Dachauer Lyriker und Erzähler Michael Groißmeier. Seine Kindheit wurde durch die Bilder und Geschehnisse rund um das Konzentrationslager Dachau mit geprägt. Vereinzelte Bilder erhielten in zahlreichen Lyrikwerken Einzug – nun sollen sie als ein Gesamtwerk erscheinen. Auf dass die Geschichte der Aschenstadt nicht vergessen wird …

124 S., Paperback, ISBN 978-3-96233-244-0, € 12.00